BOMBAY. — HOPITAL DES PESTIFÉRÉS.

LA PRÉSIDENCE DE BOMBAY

Dans ce vaste empire indo-britannique qui, en y comprenant les États indigènes demi-indépendants et ses zones d'influence reconnues, est plus de six fois grand comme la France (1), la présidence de Bombay (sans les Etats tributaires qui en dépendent) represente à elle seule une superficie de 506,179 kilomètres carrés, dépassant considérablement celle du Royaume-Uni (2). Elle renferme dans ses quatre subdivisions (Dekkan, Konkan, Goudjerate, Sind) les centres des marchés de coton (Dharwar), du commerce de toute la mer des Indes (Bombay), des factoreries européennes (Sourate), de l'exportation des céréales (Karatchi) ; elle possède des temples fameux, Éléphanta, Salsette, Ahmedabad, des sources sacrées (Kistna, Nasik) qui attirent des milliers de pèlerins ; elle a enfin pour capitale la ville la plus peuplée de l'Inde, et cette ville est le principal lieu de résidence des Parsis, les derniers sectateurs de Zoroastre, anté-

(1) La superficie de la France est de 536,408 kilomètres carrés. D'après le recensement de 1881, le territoire anglais dans l'Inde était de 2,018,782 kilomètres et celui des Etats tributaires de 1,488,446 kilomètres carrés, soit un total de 3,507,228 kilomètres carrés. Actuellement (1898), avec ses derniers agrandissements, ses dépendances plus ou moins immédiates et ses zones d'influence, l'Asie anglaise entière comprend 5,135,000 kilomètres carrés, peuplés de 300 millions d'habitants, soit environ le cinquième du genre humain. (C. S.)

(2) La superficie du Royaume-Uni est de 314,628 kilomètres carrés.

rieur de mille ans à Moïse. Position géographique, richesses naturelles, expansion commerciale et industrielle, développement intellectuel, souvenirs d'un passé glorieux, mouvement religieux, tout concourt à faire de cette présidence, qui est l'Inde occidentale, une des contrées les plus dignes d'intérêt. Son importance s'est accrue, depuis un demi-siècle, dans des proportions qui tiennent de l'invraisemblable, si l'on met en regard les chiffres cités par les documents, peu exacts à vrai dire, d'il y a cinquante ans, et ceux que fournissent aujourd'hui les *Livres bleus* appuyés sur des statistiques officielles rigoureusement établies (1). Ce progrès est dû surtout à la prépondérance prise par la ville de Bombay dans l'activité économique de la Péninsule. Cette prépondérance ne résulte pas uniquement de sa grande population, qui est déjà supérieure à celle de Calcutta (2), mais aussi de sa supériorité manufacturière et financière. C'est à Bombay et dans le district de Bombay que se trouvent le plus grand nombre de filatures, et ce sont les produits de cette industrie qui alimentent les trois cinquièmes de l'exportation. En outre, les Parsis de Bombay sont les plus gros banquiers de l'Inde et les princes du commerce. N'était le climat, qui est une cause permanente d'insalubrité, augmentée par la lenteur ou le manque des mesures sanitaires (3), n'était la famine, qui y sévit trop souvent et qui fait en ce moment même de nombreuses victimes (4), on pourrait dire de cette capitale de l'Ouest qu'elle est, comme Larkana dans le Sind, un Eden. Ceux qui l'ont visitée en parlent avec admiration et vantent son animation.

***

La ville de Bombay occupe la partie méridionale d'une île de même nom, étroite et longue, qu'une digue relie à l'île de Salsette et au continent (5). Elle projette au sud deux promontoires peu élevés, effilés et de longueur inégale. Cette île appartint depuis 1530 jusqu'en 1661 aux Portugais, qui la cédèrent, à cette dernière époque, à Charles II d'Angleterre. En 1668, elle passa, moyennant une redevance annuelle, à la Compagnie des Indes orientales, qui en fit principalement le point de

(1) Il y a cinquante ans, et même dix ans après, il n'existait aucune statistique digne de foi sur la population de l'Inde et de ses divers gouvernements, encore moins sur leurs revenus et leurs dépenses. La Compagnie des Indes orientales songea vers 1857 à réparer cette lacune, mais la grande insurrection l'arrêta dans l'exécution de ce dessein. Ce ne fut qu'après l'écrasement de la rébellion que l'on put s'occuper de réunir les documents qui permirent d'établir le premier *Livre bleu* (*statement*) sur la condition morale et matérielle de l'Inde. On n'avait jusqu'alors de données approximatives que dans certains ouvrages comme celui de Thornton. Les *Livres bleus* se sont succédé depuis le régime britannique. Le trente-deuxième *statement* a paru en 1897, après le vote du Parlement du 20 juillet de cette même année qui en a ordonné l'impression. C'est à cette source qu'il faut puiser tous les renseignements officiels. (C. S.)

(2) D'après Louis Rousselet (Atlas de Schrader), la population de Bombay et de ses faubourgs est (recensement de 1881) évaluée à 773,200 habitants, celle de Calcutta (faubourgs compris) à 766,300. Viennent ensuite Madras (et faubourgs) 405,850; Haïderabad et faubourgs, 354,960; Lucknov, 261,300; Bénarès, 199,700; Delhi, 199,700, etc. Aujourd'hui, Bombay a environ 850,000 habitants.

(3) Le *Livre bleu* de 1897 constate ce fait.

(4) Voir à cet égard les nombreux articles publiés dans les revues américaines et émanant d'écrivains faisant autorité.

(5) Voir baron DE HUBNER, *A travers l'empire britannique* (Hachette).

départ de ses visées maritimes et commerciales sur l'embouchure du golfe Persique et du golfe Arabique, à cause des avantages de sa rade, une des plus spacieuses de l'Asie.

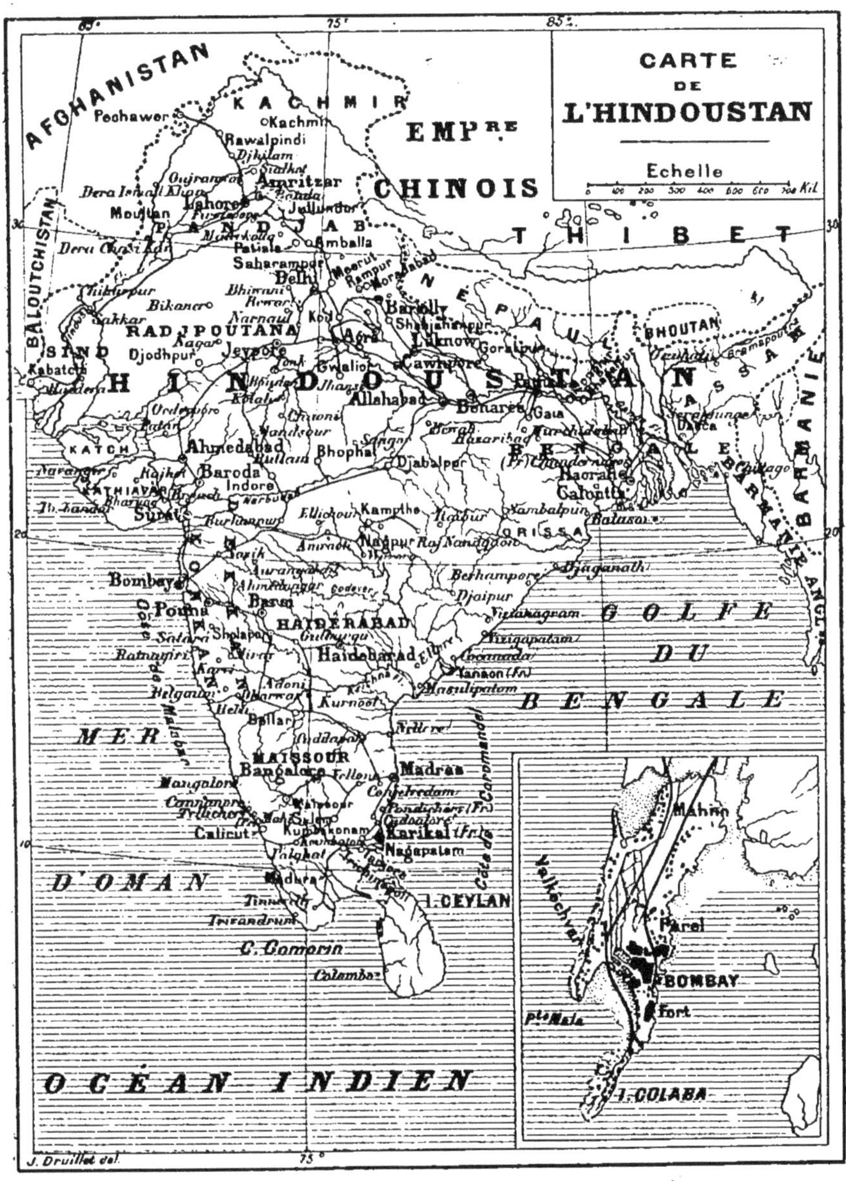

Actuellement, la présidence de Bombay, comme celle de Madras, est autonome et ne relève du vice-roi qu'en cas majeur. Elle a un budget propre, qui, d'après les récentes évaluations, se solde en actif, et sa prospérité générale s'accuse par un total de revenus offrant dans le dernier exercice relevé (1895-96) un excédent sur les précédents (1). Nous avons déjà cité plus haut les villes les plus marquantes de cette région. Dans le Dekkan, la plus peuplée est Pouna (160,000 habit.), qui est située à 503 mètres d'altitude. C'est une cité militaire, le quartier général de l'artillerie anglaise, et l'une des résidences favorites des Européens, qui y ont construit des villas d'été, des jardins de plaisance. Les environs de Pouna (2) sont célèbres par les sanctuaires souterrains de Karli. Le Dekkan, qui tire son nom du sanscrit *Dakchina* (c'est-à-dire le Sud), eut un rôle signalé dans l'histoire de l'Inde. Après la conquête de l'Hindoustan par les Ghaznevides, la Péninsule, qui en formait la partie méridionale, à laquelle se rapportait son appellation, fut gouvernée, à partir du dixième siècle jusqu'au onzième, par une dynastie issue des Radjpoutes de Silara. Elle échut ensuite aux Gangavansa, qui, à la fin du treizième siècle, devinrent tributaires des Ghourides de Delhi, maîtres d'une grande partie du pays. L'assassinat de Roma Deva en 1312 mit fin à l'autonomie du Dekkan. Les souverains de Delhi y envoyèrent un vice-roi musulman. Mais ce dernier ne tarda pas à être expulsé par Ala-Eddin, qui fonda la dynastie de Bahmany. Une période de guerres incessantes suivit alors. Le Grand Mogol de Delhi en profita pour faire définitivement main basse sur toute la région. Aureng Zeb ne parvint toutefois pas à la pacifier. Les Mahrattes, population primitive du Dekkan, poussés par leur esprit d'indépendance, leur ardeur guerrière et leur témérité, se soulevèrent sous la conduite d'un de leurs rajahs, Séraji, et réussirent pendant un certain temps à s'affranchir. Le Grand Mogol voulut prendre sa revanche. Ces conflits permirent à la France et à l'Angleterre de s'immiscer dans les affaires du Dekkan. Les Anglais, après avoir évincé leurs rivaux européens, s'arrogèrent successivement, par des traités, par des victoires, le protectorat, puis la possession de toute la côte occidentale de l'Inde, en même temps qu'ils se rendaient maîtres du centre de la Péninsule. Le Dekkan devint, dans ces conditions, une simple subdivision de la présidence de Bombay, et l'est resté.

Le Konkan comprend trois districts : Canara, qui a pour chef-lieu Karwar ; puis Kolaba, dont le chef-lieu est Alibagh ; enfin Bombay, ayant pour chef-lieu la ville de même nom, rattachée par deux voies ferrées à l'île de Salsette, où se trouve le port de Tanna. Nous avons dit plus haut quelles furent à travers l'histoire, depuis le seizième siècle, les vicissitudes politiques de Bombay. Ajoutons que le Konkan les partagea. Toutefois la sève, vigoureuse au cœur du Konkan, s'alanguit aux extrémités des branches issues de ce tronc puissant. C'est ainsi que dans le Canara les villes maritimes de Karwar et de Ratuagiri n'offrent plus qu'un aspect déchu ; pareillement, dans le Kolaba, on ne rencontre qu'une population peu importante, quelques milliers d'habitants, qui ont gardé les mœurs de

(1)

	Exercice 1894-1895	Exercice 1895-1896.
Revenus nets	12,102,367	12,742,232
Dépenses nettes	6,444,478	7,014,971
Excédent en plus	5,657,889	5,727,261

Soit pour le second exercice un surplus de 69,372.

(2) Pouna est également le sanitarium de Bombay. C'est là que les malades en convalescence vont réparer leurs forces dans des établissements où tout est disposé admirablement pour refaire la santé. (C. S.)

leurs aïeux, des corsaires. Les ruines qui s'offrent partout aux regards dans le Konkan, témoignent de son ancienne splendeur. Maintenant, toute la vie de cette région a reflué à Bombay.

Le Goudjerate (Gezirah) est habité pour les neuf dixièmes par des Grassias, Hindous de la race des Radjpoutes qui exerçaient jadis une autorité féodale, et par des Kouabis, de la caste des soudras (esclaves). Sourate (Surate), sa capitale (110,000 habitants), était au dix-septième siècle le premier port de l'Inde et l'une des plus belles et des plus florissantes villes d'Asie ; les Mahrattes la dévastèrent et n'en laissèrent debout que quelques ruines. Elle fut reconstruite en partie, mais l'envasement du port et la concurrence de Bombay amenèrent sa décadence. Au douzième siècle, le Goudjerate avait des princes autonomes, souvent assaillis par les mahométans. En 1196, les Afghans s'en emparèrent. Leur domination subsista jusqu'en 1397. Alors se fonda une dynastie mahométane qui gouverna le pays pendant environ deux cents ans. A la fin du seizième siècle, le Grand Mogol l'incorpora dans ses États, dont Sourate et les quatre villes de Bharoutch (l'antique Barygaza), Ahmédabad, Dholka, Dhandooka suivirent le sort. La Compagnie des Indes orientales les fit rentrer dans son cercle de puissance commerciale. Et quand, en 1857, la grande mutinerie indienne fit voir d'une manière indéniable les vices et les dangers de cette institution désignée sous le nom de « John Company », le Goudjerate fut exproprié comme le reste de l'Inde.

Le Sind, qui avait autrefois pour capitale Haïderabad (anciennement Nerankot et probablement la Patala ou Pattalène d'Alexandre), était depuis des temps reculés au pouvoir d'émirs qui y régnaient en tyrans, quand en 1844 Sir Charles James Napier, l'illustre général anglais, le subjugua en écrasant les despotes baloutches. John Company l'engloba et l'exploita jusqu'en 1857. Les Anglais, en le lui enlevant par le bill de lord Palmerston, qui inaugura la maîtrise directe de la métropole, sous les apparences de concessions administratives, ne firent que réaliser leur projet depuis longtemps caressé de tenir la clef de l'Indus. Ils fortifièrent solidement Haïderabad, qui est à 6 kilomètres à gauche du grand fleuve, mais ils créèrent la ville toute moderne de Karatchi (ou Kurrachee) et en firent la capitale du Sind. C'est là qu'ils établirent la station terminale du chemin de fer du Sind, le port du Pandjab, le marché d'exportation des céréales et du coton. Achevant leur plan, ils firent de Chikarpour un point de jonction commercial et militaire entre la passe afghane de Bolan et Karatchi. Dans le haut Sind, tout près de la frontière du Baloutchistan, le général Jacob fonda une ville toute militaire à laquelle il donna son nom (Jacobabad). Ce fut l'amorce initiale de la route qui, pour peu que les circonstances vinssent en aide aux préméditations, devait conduire l'invasion anglaise jusqu'au cœur de l'Afghanistan. La voie qui relie déjà Jacobabad à Candahar est la grande ligne de transit du commerce de l'Asie centrale. Elle met en communication la vallée de l'Indus, non seulement avec tout le Sud-Ouest afghan, mais encore avec la Perse et le Turkestan. Au point de vue politique, c'est la grande artère de l'Inde. A Jacobabad cette artère se bifurque, l'une des directions allant à Candahar par Dadour, qui est à l'entrée de la passe de Bolan, l'autre gagnant Quetta (1).

(1) Voir sur cette situation stratégique : Charles SIMOND, *L'Afghanistan. Bibliothèque illustrée des voyages* n° 12.

Si l'on se rappelle que cette dernière position, qui commande dans le Baloutchistan la passe importante de Bolan, est, depuis 1876, occupée par une garnison anglaise, et si l'on se rend compte de la situation où le traité de cette, même année a placé le souverain du khanat baloutche, dont l'Angleterre peut faire occuper le territoire par ses troupes, on comprendra quelle est pour les vues britanniques la valeur du Sind et de toute la présidence de Bombay. En faisant de Calcutta la capitale de leur empire colonial asiatique, les Anglais ont choisi dans ce dessein le point où viennent converger toutes les routes ferrées et fluviales de la Péninsule, mais ils ont tendu de là les fils de leur toile ourdie pour orienter leurs conquêtes à l'est, saisir la Birmanie et s'avancer vers le Siam. De même, à Bombay, ils disposent leurs combinaisons stratégiques pour se porter vers les États limitrophes à l'ouest, l'Afghanistan, la Perse. L'avenir dira les avantages qu'ils pourront encore en tirer après ceux dont ils ont déjà fait leur profit.

*
* *

M. Edmond Cotteau, à qui nous empruntons les pages qu'on lira plus loin (1), est de ceux auxquels on ne peut manquer d'avoir recours lorsqu'on veut étudier l'Inde. Son voyage, entrepris en 1878 et 1879, a été fait avec l'idée bien arrêtée de tout voir par soi-même et de ne rien enregistrer qui n'eût d'abord été sûrement observé. Il avait à cette époque quarante-cinq ans, et ses connaissances scientifiques, son expérience des explorations, son esprit méthodique, sa sincérité d'investigation lui donnaient, avec la maturité de l'âge et de la réflexion, toutes les qualités que l'on réclame aujourd'hui d'un pionnier. Ces qualités, il les a mises brillamment en œuvre (2).

Charles Simond.

(1) Ces pages sont extraites de l'ouvrage intitulé *Promenade dans l'Inde et à Ceylan*, par E. Cotteau. (Paris, librairie Plon.)

(2) Outre cet ouvrage, M. Edmond Cotteau a écrit de nombreux articles dans *le Tour du Monde* et dans la plupart des publications géographiques. On lui doit aussi les volumes suivants : *Promenade dans les deux Amériques; De Paris au Japon à travers la Sibérie; Un touriste dans l'Extrême-Orient; En Océanie; Caucase et Trancaspienne*, etc. M. Ed. Cotteau est mort en 1897. (C. S.)

CHARMEURS DE SERPENTS DANS L'INDE.

BOMBAY

LA VILLE DES PARSIS

I

LA CAPITALE DE LA PRÉSIDENCE.

La ville de Bombay, appelée par les natifs Mumbaï et par les Portugais Boa-Bahia, est située par 18° 56′ de latitude nord et 70° 37′ de longitude est. Elle est construite sur une série d'îlots qui, réunis entre eux par un système de digues et de chaussées, communiquent de la même manière avec la grande île de Salsette au nord et de là avec le continent, formant un promontoire dont l'extrémité sud se termine par une étroite langue de terre à Colaba; là, un phare indique l'entrée du port.

Cette péninsule, qu'on appelle encore aujourd'hui l'île de Bombay, couvre une superficie de 50 kilomètres carrés. A l'exception de quelques collines rocheuses, telles que Malabar-Hill et Parell, le terrain est généralement plat et si peu élevé au-dessus du niveau de la mer que, pendant la saison des pluies, il est souvent inondé; malgré ces conditions défavorables, la ville, ouverte à toutes les brises du large, n'est pas malsaine.

La rade, l'une des plus belles du monde, est bien abritée; presque entièrement circonscrite par la terre, elle est encore rendue plus pittoresque par un groupe d'îles dont la plus connue est celle d'Eléphanta; la chaîne des Ghattes borne l'horizon du côté de l'est.

JEUNE HINDOU DE CLASSE NOBLE.

L'histoire de Bombay commence avec l'occupation portugaise. Lorsque les Anglais furent arrivés dans l'Inde et que leur établissement de Surate eut pris quelque importance, ils convoitèrent ardemment la possession de ce petit coin de terre dont leurs rivaux n'avaient pas su utiliser l'heureuse situation. Déjà, à deux reprises, ils avaient inutilement tenté de s'en emparer, lorsqu'un mariage vint leur donner pacifiquement ce qu'ils n'avaient pu prendre de force. Dans la dot de l'infante Catherine, qui épousa Charles II en 1661, se trouvait comprise l'île de Bombay, qui, considérée par le roi d'Angleterre comme une propriété sans rapport, fut cédée quelques années plus tard à la Compagnie des Indes moyennant une rente annuelle de 10 livres sterling (250 fr.) payable en or. Bombay avait alors une population de 10,000 habitants. La Compagnie entreprit immédiatement de grands travaux, agrandit le fort et en augmenta les moyens de défense. Elle traça le plan d'un nouvelle ville, abaissa les impôts, encouragea l'industrie et proclama la tolérance religieuse. Par ces mesures intelligentes et libérales, elle attira sur son territoire les populations voisines, écrasées par le despotisme et l'intolérance des Portugais. En 1575, la nouvelle cité comptait déjà 60,000 âmes. Mais, à cette époque, les marais non encore desséchés engendraient de terribles fièvres qui décimaient les nouveaux arrivants. A cette calamité vint

HINDOUS MONTRANT EN PUBLIC DES OISEAUX SAVANTS.

s'ajouter l'hostilité des Portugais, encore maîtres de Salsette. Avec la ténacité particulière à la race saxonne, les Anglais surent triompher de tous ces obstacles; au milieu de luttes incessantes, ils trouvèrent moyen d'entreprendre de grands travaux d'assainissement et de fonder de nouveaux comptoirs sur la terre ferme. En 1708, à la suite de la fusion entre l'ancienne et la nouvelle Compagnie des Indes, Bombay devint le chef-lieu d'une présidence indépendante. Cet état de choses dura jusqu'en 1773, époque à laquelle le gouvernement de l'Inde entière fut centralisé à Calcutta entre les mains d'un gouverneur général. Sur ces entrefaites, les Mahrattes, chassant les Portugais devant eux, s'étaient emparés de l'île de Salsette et avaient conclu un traité avec les Anglais. Mais la paix ne fut pas de longue durée; à la suite de luttes sanglantes, les Mahrattes furent définitivement repoussés; alliés de nouveau avec les Anglais, ils les aidèrent dans la guerre contre Tippoo, sultan de Mysore, dont la défaite et la mort ajoutèrent aux domaines de ces derniers, en 1799, de riches provinces sur la côte du Malabar. Puis vinrent les annexions de Pounah et du Khandeish (1818). En 1816, Bombay comptait 161,000 habitants : le recensement de 1872 lui en donne 645,000 (1).

Peu de villes offrent une aussi grande variété de types et de religions, ainsi que l'indique le tableau suivant, où l'on n'a inscrit que les grandes divisions.

Hindous	410,000
Musulmans	137,500
Parsis	44,000
Chrétiens natifs, Eurasiens et métis portugais	27,000
Bouddhistes et Jaïns	15,000
Européens	7,000
Juifs	2,500
Nègres et Chinois	2,000
Total de la population	645,000

Les Hindous des différentes castes entrent pour les deux tiers dans le chiffre total; ils se divisent en deux grandes familles, les adorateurs de Vichnou, le conservateur, et ceux de Siva, le destructeur, la deuxième et la troisième personne de la trinité indienne. Les premiers tracent sur leur front une ligne perpendiculaire, les seconds une ligne horizontale; chaque matin, autant que possible, la peinture de ces lignes doit être renouvelée par un brahmine. La multitude adresse aussi ses hommages à d'autres divinités secondaires, telles que les épouses des dieux que nous venons de nommer, le dieu Gunputti à tête d'éléphant et bien d'autres.

Après les brahmines, la classe la plus importante parmi les Hindous est celle des *banians*, ou marchands. La plupart sont originaires du Guzerate, pays situé au nord de Bombay. Contrairement aux autres Indiens, ils ne montrent aucune répugnance pour les longs voyages, surtout s'ils doivent contribuer à augmenter leur fortune; ils font preuve d'une rare habileté dans le commerce; de là vient le proverbe indien : « Il faut trois juifs pour

(1) Aujourd'hui, Bombay a environ 850,000 habitants. (C. S.)

faire un Chinois, et trois Chinois pour faire un Banian. » Tous parlent et écrivent le guzerate; c'est le langage le plus répandu à Bombay, et en même temps la grande langue commerciale de l'Inde (1).

Les Mahrattes n'ont pas les mêmes dispositions pour le commerce : c'est un peuple guerrier et agriculteur. Ceux qui habitent les villes se font employés ou hommes de loi. Leurs habitations sont moins confortables que celles des opulents Guzerates.

Les mahométans sont partagés en deux grandes divisions, les *sunnites* et les *chiites;* les Turcs et les Arabes appartiennent à la première; les Persans à la seconde. Cette dernière est la plus nombreuse à Bombay et comprend la tribu des *borahs*, marchands colporteurs spéculant sur toutes sortes de marchandises, musulmans de religion, mais juifs d'apparence et possédant le caractère et le génie particuliers à cette race.

Les Parsis ne forment guère que 7 pour 100 de la population totale; mais leur aptitude aux affaires, leur activité commerciale, l'absence de tout préjugé de caste et l'assimilation complète qu'ils se sont faite de la langue anglaise, leur assurent une influence prépondérante dans la communauté. Leur histoire est bien connue. Lorsque les sectateurs de Mahomet conquirent la Perse au septième siècle, un certain nombre d'individus descendant des anciens Guèbres ou adorateurs du feu s'expatrièrent pour ne pas être contraints d'embrasser la nouvelle religion. Ils se rendirent d'abord à Ormuz, sur le golfe Persique, puis dans l'Inde, à Diu (2), sur la côte du Kattywar; de là, ils gagnèrent les principales villes du Guzerate, dont ils ne tardèrent pas à adopter la langue. Mais leur véritable prospérité date seulement de l'arrivée des Européens; n'ayant aucune prévention contre les nouveaux venus, ils leur servirent d'interprètes dans leurs relations avec les natifs. Déjà ils formaient une importante colonie à Surate, lorsque Bombay passa entre les mains des Anglais. Attirés par l'importance toujours croissante de cette ville, ils vinrent s'y fixer en grand nombre et s'attachèrent définitivement à la fortune de l'Angleterre.

Ils pratiquent encore aujourd'hui l'antique religion de Zoroastre, à peine modifiée par l'adjonction de quelques superstitions hindoues. Dans leurs temples brûle un feu perpétuel; le matin, on peut les voir sur la grève, prosternés devant le soleil levant; le soir, on les retrouvera adressant leurs prières, entremêlées de génuflexions, aux derniers rayons de l'astre du jour.

Les Parsis sont renommés non seulement pour leur génie commercial, mais aussi pour leur esprit politique. Une grande partie

(1) Les Banians sont répandus beaucoup à l'étranger et notamment depuis la frontière du Tibet et de la Chine jusqu'à Zanzibar et au Transvaal; ils monopolisent le commerce presque exclusivement entre leurs mains. (C. S.)

(2) Diu constitue aujourd'hui, avec Goa et Daman, les seules possessions restées portugaises de l'Inde. (C. S.)

du trafic de Bombay est entre leurs mains. Plusieurs citoyens parsis ont été créés baronnets par la Reine, en récompense de leurs dons généreux et de leur dévouement aux intérêts de l'Angleterre (1). C'est une race prolifique : leur nombre s'accroît rapidement. Ceux des classes inférieures excellent dans les professions de charpentiers ou de mécaniciens; beaucoup d'entre eux sont

BOMBAY. — LA TOUR DU SILENCE.

aussi boutiquiers, débitants de liqueurs ou maîtres d'hôtel. Tous se prêtent une mutuelle assistance

*
* *

La plupart des chrétiens de Bombay sont de race indo-portugaise. Issus du mélange des premiers conquérants avec les femmes

(1) La magnificence et la libéralité des Parsis sont légendaires aux Indes, et le nom de Jamshedje Jijibai y est aussi vénéré que celui de Peabody en Amérique et en Angleterre. Jamshedje Jijibai a dépensé des millions en œuvres de bienfaisance. Il a construit à ses frais vingt-deux collèges de garçons et de filles, fondé des bourses, ouvert des hôpitaux et des hospices, établi des cimetières, distribué d'abondantes aumônes à ses coreligionnaires pauvres, aux Afghans, aux Irlandais et Ecossais, ruinés par la guerre ou en proie à la famine. En 1856 le préfet de la Seine reçut de lui un don de 12,500 francs pour être distribué aux victimes des inondations de la Loire. La reine d'Angleterre, pour reconnaître ses libéralités, créa le généreux Parsi chevalier, puis baronnet. Une sta-

natives, ils se donnent le nom de Portugais, bien que la couleur de leur peau soit presque aussi foncée que celle des indigènes pur sang Ils se coiffent d'un chapeau noir et s'habillent à l'euro-

IDOLES HINDOUES (ENVIRONS DE BOMBAY).

péenne. Mais cette race dégénérée est peu susceptible de progrès et se contente de végéter dans les emplois secondaires et la domesticité.

tue lui a été érigée à Bombay devant le somptueux palais de style gothique qu'il avait fait construire dans le quartier de Mazagon et qu'il légua en mourant à la ville pour être transformé en hôpital. ROUSSELET, *l'Inde des rajahs.*

La religion jaïne offre une grande analogie avec le bouddhisme. Elle ne reconnaît pas la division des castes; mais, admettant la doctrine de la transmigration des âmes, elle ordonne le respect absolu de la vie des animaux. Ses adeptes forment une secte riche, gagnant beaucoup d'argent dans le commerce et possédant de fort beaux temples dont les plus remarquables sont ceux de Mont-Abou, au nord du Guzerate.

Quant aux juifs de Bombay, ils sont originaires de la Mésopotamie. Parmi eux, la plus riche famille est celle des Sassoun; le chef de ces Rothschild indiens a été anobli en 1871, en reconnaissance des sommes immenses dépensées par lui en fondations utiles et en œuvres de bienfaisance.

Bombay a reçu à juste titre le nom de *capitale de l'Ouest*. Son commerce, déjà considérable, prit un énorme accroissement pendant les années 1861 à 1865. A cette époque, par suite de la guerre civile, les cotons d'Amérique n'arrivaient plus en Europe; pour suppléer à la disette de matières premières qui menaçait de faire fermer les fabriques de la métropole, les Anglais résolurent alors de donner dans l'Inde la plus grande extension possible à la culture du précieux arbrisseau. Des spéculations colossales s'ensuivirent, et pendant quelques années Bombay vit affluer d'énormes quantités de coton venues de tous les points de l'Hindoustan. La nécessité de réduire autant que possible, pour l'envoyer en Europe, le volume d'une denrée aussi encombrante, amena la construction de nombreuses presses hydrauliques. Aujourd'hui, l'exportation du coton n'est plus ce qu'elle a été pendant cette période exceptionnelle, mais elle reste toujours considérable, bien qu'on ait élevé des filatures et fabriques où la matière première est travaillée sur place et livrée directement à la consommation. Maintenant, l'industrie locale commence à faire une sérieuse concurrence aux produits manufacturés de Manchester.

L'ouverture du canal de Suez, en 1869, eut pour résultat d'amener une révolution complète dans le commerce maritime de Bombay : les voiliers qui faisaient le tour par le cap de Bonne-Espérance furent remplacés par des bâtiments à vapeur; actuellement les cinq sixièmes du trafic avec l'Europe se font par le canal. Aucune ville n'en a retiré un avantage plus considérable. Aujourd'hui Bombay, mis en communication rapide avec le nord, le centre et le midi de l'Inde, par trois grandes lignes de chemin de fer, n'est plus qu'à dix-huit jours de Londres. Tous les lundis, les grands vapeurs postaux de la Compagnie péninsulaire et orientale partent pour l'Europe, voie d'Aden, Suez et Brindisi.

Le *Lloyd* autrichien et la Compagnie italienne Rubattino y entretiennent aussi des communications directes et mensuelles avec l'Europe. Il est à regretter que notre Compagnie des Messageries maritimes n'ait pas cru devoir envoyer quelques-uns de ses beaux navires sur cette ligne. D'un autre côté, la *British-India* accomplit chaque semaine le trajet de Bombay à Calcutta, faisant escale à tous les ports intermédiaires, tant sur la côte du Malabar que sur celle du Coromandel, et correspondant à Ceylan avec les vapeurs de Chine et d'Australie. Enfin, quatre fois par mois, des steamers desservant les bouches de l'Indus, Mascate et le golfe Persique, vont jusqu'à Bassorah, où s'effectue le transbordement sur les bateaux de la Compagnie de navigation fluviale du Tigre et de l'Euphrate; ces derniers remontent à Bagdad, où le voyageur a le choix entre quatre routes pour gagner l'Europe. L'une d'elles suit le cours de l'Euphrate par Hillah et Mescany, à quinze heures de cheval d'Alep, d'où, en trois jours, on peut gagner le port d'Alexandrette sur la Méditerranée; cette voie est la plus sûre et la plus économique; mais au delà de Bagdad, les steamers ne partent pas toujours à jour fixe et ne peuvent marcher que pendant la saison des hautes eaux, de décembre à juin.

Les neuf dixièmes des voyageurs arrivant d'Europe ou y retournant passent aujourd'hui par Bombay. Attirés par les célèbres cités de l'intérieur, ou bien pressés par le désir de revoir leur pays, ils s'occupent peu d'une ville qui, à leurs yeux, n'a d'autre mérite que d'être le port le plus rapproché de l'Angleterre. Et cependant, à plus d'un titre, la cité par elle-même vaut la peine d'être visitée. Dans aucune autre ville indienne on ne trouvera une circulation si animée, une aussi grande diversité de types et de costumes. Partout ailleurs les monuments vous rappellent l'Inde des temps passés; ici, on la voit telle qu'elle est aujourd'hui. C'est la ville la plus européanisée de l'Hindoustan, non seulement à cause du grand nombre de ses habitants appartenant à la race blanche, mais aussi parce que les natifs, tout en ayant conservé le costume oriental, ont acquis dans la fréquentation journalière des Anglais certaines allures qui décèlent une éducation plus civilisée. Beaucoup parlent et écrivent la langue anglaise. Dans les tramways qui circulent incessamment sur tous les points de la grande cité, on voit assis côte à côte, sur la même banquette, sans distinction de race, de caste ou de fortune, l'Européen, le Parsi, l'Hindou et le mahométan, spectacle étrange pour quiconque est au fait des usages de l'Inde. C'est là un commencement d'assimilation qu'il est bon de noter; si jamais l'égalité, telle que nous la comprenons, parvient à s'acclimater dans l'Inde, c'est par Bombay que l'exemple en sera donné.

En arrivant du large, la première terre qui se présente à la vue est la pointe de Colaba; à côté d'un vieux cimetière et d'un hôpital de fous, s'élèvent un observatoire et un phare. Plus loin sont les casernes pour les troupes européennes, et un vaste champ de manœuvres à l'extrémité duquel se trouve l'église Saint-Jean. Ce bel édifice, dont la tour s'élève à 62 mètres, a été érigé en mémoire des officiers et soldats morts dans les campagnes de l'Afghanistan, de 1838 à 1843 (1).

Après avoir dépassé la gare du chemin de fer du Nord, *Bombay, Baroda and central India Railway,* et traversé des terrains où sont installés les docks et les dépôts de charbon du gouvernement, on accoste au quai d'Apollon, belle jetée où les steamers débarquent habituellement leurs passagers. Le soir, c'est un lieu de promenade très fréquenté : on y fait souvent de la musique; en outre, on y trouve un bon restaurant.

LE SANITARIUM. — JARDIN DE PARBATI. — L'ÉTANG ET LA COLLINE.

Maintenant nous arrivons au fort qui occupe la partie sud-est de l'île au nord de Colaba. Les fortifications ont été démolies il y a une vingtaine d'années, afin de donner plus d'espace aux banques, aux magasins et aux bureaux des marchands. Le terrain gagné a été utilisé; on y a créé de larges avenues et élevé une foule de belles constructions. L'esplanade s'étend au nord-ouest, faisant face à la mer. On y remarque toute une série de monuments élevés dans ces dernières années : ce sont les bâtiments de la marine, le nou-

(1) On sait que ces campagnes aboutirent à l'abandon de l'Afghanistan par les Anglais, après une occupation suivie bientôt d'un massacre épouvantable. (C. S.)

POU'NAH.

veau secrétariat, la haute cour, l'université, la bibliothèque surmontée d'une énorme tour carrée à usage d'horloge et haute de 78 mètres, l'office des travaux publics, la poste et le télégraphe. Ces palais, de style moyen âge ou vénitien, ne sont assurément pas tous d'un goût irréprochable; mais la grandeur de leurs proportions, la richesse des matériaux employés, marbre et granit, leur agglomération dans un espace assez restreint, forment un ensemble d'un aspect imposant.

Un peu plus loin, isolée au milieu d'une verte pelouse, s'élève une fort belle statue de la reine Victoria (1), impératrice des Indes. Sa Majesté est représentée portant le manteau de cour et revêtue des insignes du pouvoir; elle est assise sur un trône gothique surmonté d'un dais élevé. La mosaïque de la plate-forme vient de Chine; tout le reste du monument est en fin marbre de Carrare.

Au centre du fort est un jardin circulaire, orné d'une fontaine et de belles statues. Tout autour sont les magnifiques constructions du cercle d'Elphinstone. Le *Rampart-Row* est une longue ligne de belles maisons à arcades où sont installés le club de Bombay et le Comptoir d'escompte de Paris.

La ville native est séparée du fort par un espace vide, large de près de deux kilomètres. Ses rues principales sont parcourues du matin au soir par des tramways qui mettent en communication ses faubourgs les plus reculés avec les quartiers anglais de l'esplanade et du fort et la pointe de Colaba. *Kabaldavie* et *Parell-Road* sont les plus larges et les plus commerçantes. On y voit beaucoup de maisons à façades peinturlurées, hautes de quatre ou cinq étages, en saillie et avec balcons; des boutiques dans le goût européen, tenues par des Parsis, sont mêlées aux échoppes des indigènes. Les quartiers occidentaux, *Girgaum* et *Chowpatty*, traversés par la belle rue de *Breach-Candy*, offrent un tout autre aspect; les maisons, basses et entourées ds petits jardins, sont disséminées dans un magnifique bois de cocotiers. Au nord, *Grant-Road* forme la limite de la ville noire proprement dite. Plus loin sont les agglomérations de *Tardeo*, *Parell*, *Byculla* et *Mazagon*, où la population européenne domine de nouveau. On y trouve des théâtres, de grands hôtels, un champ de courses, et les principales stations des chemins de fer. Le palais du gouvernement est à Parell. Mazagon, sur le bord de la baie, renferme une nombreuse population portugaise; c'est là que sont les docks et les établissements de la Compagnie péninsulaire et orientale.

Pendant la mousson du nord-est, de novembre à avril, le climat de Bombay est délicieux; le thermomètre dépasse rarement 30° et s'abaisse dans la nuit jusqu'à 21°. La mousson du sud-ouest revient avec le mois de mai, amenant avec elle les fortes chaleurs, heu-

(1) La reine Victoria a pris le titre d'Impératrice des Indes en 1876. (C. S.)

reusement tempérées par la brise de mer. La saison des pluies commence à la mi-juin et dure jusqu'à la fin de septembre. Pendant plus de trois mois, il pleut régulièrement tous les jours, sauf quelques heures de beau temps dans la soirée; c'est l'époque où l'on quitte généralement Bombay pour les *sanitarium* voisins de Matheran et de Mahableshwur, ou bien encore pour se rendre à Pounah, où se transporte le siège du gouvernement. Les personnes accoutumées à respirer l'air vif des hauts plateaux de l'intérieur ont souvent comparé l'atmosphère de Bombay à celle d'un bain de vapeur; toutefois, le climat n'y est pas absolument malsain, et si la mortalité est assez considérable parmi les Anglais, c'est que ceux-ci, ne tenant aucun compte de la différence des milieux, ne veulent rien changer à leurs habitudes, et prétendent vivre à Bombay comme ils le feraient à Londres.

L'hôtel de l'Esplanade, où je suis logé, est situé dans le quartier du Fort; c'est une récente et immense construction en fer et en briques avec quatre étages très élevés, dans le genre américain, mais sans ascenseurs. Cent vingt-huit marches conduisent au quatrième étage, où j'occupe une chambre percée de quatre larges ouvertures donnant de plain-pied sur la terrasse et le balcon. A six heures du matin, on me sert le thé chez moi; à neuf heures, le déjeuner est préparé au premier étage dans une vaste salle à manger où deux cents personnes peuvent prendre place autour d'une table d'hôte en fer à cheval. On ne sert aucun repas à la carte; à deux heures a lieu le *tiffin*, à sept heures et demie, le dîner, à neuf heures, deuxième thé. Le tout me coûte quatre roupies par jour (8 fr. 50), sans aucun des frais supplémentaires qui, sous le nom de service et de bougie, viennent s'ajouter à la note de nos aubergistes. Les chambres, petites et meublées à l'européenne, n'ont pas de cabinets de bains spéciaux; mais, pour la première fois depuis longtemps, j'ai un lit véritable avec draps et matelas. Si je voulais être logé moins haut, il m'en coûterait une roupie de plus par chaque étage en moins; naturellement je préfère la belle terrasse du sommet, constamment exposée au souffle bienfaisant de la brise, et du haut de laquelle je jouis d'une vue magnifique sur la mer, la ville, la chaîne des Ghattes et les innombrables vaisseaux à l'ancre dans les eaux paisibles de la rade.

A l'heure des repas, l'aspect de la salle à manger est réellement curieux : l'air pénètre partout au moyen de larges fenêtres; sa circulation est encore activée par d'immenses *punkas* mis en mouvement par une main invisible; à un signal donné, les serviteurs particuliers de convives viennent prendre place en silence derrière le fauteuil du maître, attentifs à ses moindres gestes et lui passant les plats qu'ils reçoivent de la main des domestiques de l'hôtel; ces derniers sont des Portugais aux pieds nus et aux cheveux frisés; ils portent le veston blanc et le pantalon de la même couleur. Le service de la table se ressent du voisinage de l'Europe; on ne voit plus de ces grands plats couverts ni de ces assiettes encombrantes, munies d'un réservoir d'eau chaude, qui m'ont poursuivi jusque dans les bungalows de troisième ordre; en revanche, des carafes d'eau glacée, des fruits, des légumes, de la salade, paraissent sur la table.

Attenant à la salle à manger, se trouve un vaste cabinet de lecture où l'on peut consulter des revues et des journaux venus de tous les coins du monde. Sur le balcon, des marchands indigènes, accroupis près de leurs coffres, étalent aux yeux des voyageurs toutes sortes de curiosités.

Cet hôtel, où j'ai passé quatre jours, m'a laissé un excellent

GANGA. LAKMI. CAMADEVA.

Statuettes en bronze de divinités indiennes.

souvenir; au double point de vue du confortable et de la modération du prix, c'est l'un des meilleurs que j'aie rencontrés dans mon existence de voyageur.

C'est en compagnie d'un jeune Parsi, qui s'était offert à moi en qualité de guide, que je fis ma première excursion dans la ville native. Je débutai par une course au bazar. Le casque indien que j'avais payé 10 francs à Paris dans les magasins de la *Belle Jardinière*, s'était rapidement détérioré; sa cuirasse fendillée commençait à livrer un passage inquiétant aux rayons du soleil. Je lui donnai un remplaçant de fabrication indigène; moyennant la modique somme d'une roupie et demie, je me procurai un chapeau à larges bords, doublé de mousseline blanche, à la fois épais et léger, et tout à fait à l'épreuve du soleil de l'Inde.

A l'entrée de la ville noire et faisant face à l'esplanade, se trouvent les nouveaux marchés construits par sir Arthur Crawford. Ils se composent de plusieurs galeries bien aérées et séparées par des jardins. Au-dessus du bâtiment central, qui abrite une belle fontaine, s'élève une tour servant d'horloge. Le marché est abondamment pourvu de fleurs et de fruits : bananes, oranges, pamplemousses, ananas, cocos, pastèques, dattes d'Arabie, et légumes de toute sorte. J'y vois aussi une foule de poissons aux brillantes couleurs, des tortues, des coquillages et des huîtres appétissantes. Dans la partie réservée à la volaille et au gibier, on peut se procurer à bon compte des animaux vivants. Un singe apprivoisé vaut 4 francs; une charmante antilope, 10 francs; un poulet, 0 fr. 50.

ENTRÉE D'UN TEMPLE EN RUINES.

On a une perruche pour quelques sous; mais un serin ordinaire coûte 10 francs. Bien que les salaires soient plus élevés à Bombay et que la vie y soit plus chère que dans le reste de l'Inde, la meilleure qualité de viande ne vaut que quatre annas (0 fr. 50) le kilogramme.

En sortant du marché, nous prenons un tramway qui, suivant la longue rue de *Parell*, nous amène à *Byculla*, devant la grille d'un jardin public où l'on a construit le nouveau musée Victoria. C'est un très bel édifice, mais qui ne renferme encore que peu d'objets intéressants On y voit les différents produits de l'industrie du pays, des échantillons de bois et de graines, et des figurines de terre fort bien faites. Mon guide attire mon attention sur le modèle en relief de l'une des fameuses tours du Silence.

*
* *

On sait que les Parsis n'enterrent pas leurs morts, qu'ils ne les brûlent pas non plus, mais qu'ils ont la singulière habitude de les abandonner en pâture aux oiseaux de proie. Pour cela, ils exposent les corps au sommet de tours renfermées dans une enceinte interdite au public et bordée de hautes murailles. C'est la reproduction exacte de la principale de ces tours, sise à *Malabar-Hill*, qui existe au musée Victoria, et que je vais essayer de décrire.

Qu'on s'imagine une rotonde sans toit, haute de huit à dix mètres et large de vingt. Un peu au-dessous du sommet, se trouve un plancher légèrement incliné en forme d'entonnoir et aboutissant à un puits central ayant une ouverture de trois mètres de diamètre, profond de quatre étages et percé latéralement de huit rangées verticales de trous correspondant à des souterrains. Le plancher dont nous venons de parler est divisé en trois zones concentriques, de largeur égale, entre lesquelles on a ménagé un étroit sentier. Chacune d'elles est divisée en soixante-douze compartiments aux saillies peu apparentes, séparées par de petites rigoles rayonnant du centre à la circonférence et ayant leur écoulement dans le puits central. Les dalles de la zone la plus élevée, voisine des murs de la tour, reçoivent les cadavres des hommes, celles de la deuxième, les femmes, et celles de la troisième, les enfants. Les corps y sont étendus complètement nus et doivent y séjourner quatre mois. Les vautours et les corbeaux, l'air et le soleil se chargent promptement de faire disparaître les chairs; le reste, à l'expiration du laps de temps consacré par l'usage, est précipité dans le puits central. Personne n'est admis à visiter l'enclos sinistre; deux prêtres seuls ont le droit de pénétrer dans la tour.

Les temples que les Parsis possèdent à Bombay sont d'apparence peu monumentale; je n'ai pu en visiter aucun.

Leur costume diffère peu de celui des Hindous. Comme ces derniers, ils portent la robe et le pantalon blancs; mais ils remplacent le turban par une espèce de mitre en toile cirée noire, semée de petits dessins jaunâtres, montée sur carton, et ressemblant assez à un shako sans visière, qui serait aplati au sommet sur l'un des côtés. Leurs prêtres ont le même vêtement; seulement leur coiffure est toujours blanche. Chez eux, ils remplacent leur incommode couvre-chef par une calotte en soie rouge et jaune. Quelques élégants, tout de noir habillés, préfèrent le chapeau rond; mais les bords en sont remplacés par un bourrelet de fin cachemire roulé en forme de turban.

Quand bien même les Parsis ne porteraient aucun signe distinctif, on les reconnaîtrait facilement à leur teint plus clair, à leurs favoris à demi rasés, à leur front fuyant et découvert, à leur regard intelligent. Leurs femmes portent, avec le pantalon collant des musulmanes, le petit corsage hindou, et s'enveloppent la tête et les épaules dans le *sari*, espèce de voile souvent d'une couleur éclatante et orné d'une frange dorée. Elles relèvent leurs cheveux sous une coiffe de toile blanche, tenue modeste qui sied à leur physionomie généralement douce. Contrairement à la plupart des Indiennes de caste élevée, elles ne craignent nullement de se montrer en public le visage découvert. Leurs enfants, dorés comme de petits saints, sont charmants à voir avec leur calotte richement brodée et leurs beaux habits d'étoffe de soie brochée d'or et d'argent.

***

En quittant le Musée, je prends un *buggy* (prononcez bogay) pour aller visiter le *Pinjrapole,* curieux établissement situé dans un quartier populeux près de la cathédrale catholique de Notre-Dame de l'Espérance. C'est un hôpital fondé par les *Banians* pour les bêtes abandonnées ou malades. Les Hindous ne tuent jamais leurs animaux (1). Lorsque ceux-ci, accablés par la vieillesse, la maladie ou les infirmités, deviennent incapables de rendre aucun service, ils sont envoyés à ce refuge, où on les entretient au moyen de ressources provenant de pieuses fondations, et qui ne s'élèvent pas à moins de 250,000 francs par an. Quelques dévots personnages poussent même le zèle jusqu'à racheter de la boucherie des veaux et des moutons qui viennent augmenter le nombre des pensionnaires de l'établissement.

Après avoir traversé un caravansérail, je me trouve dans un immense enclos divisé en plusieurs cours, avec des étables, des niches et des abris sur les côtés. Partout règne une étrange promiscuité de quadrupèdes et de volatiles : vieux buffles, chevaux hors d'usage, ânes pelés, chèvres et brebis galeuses, singes, chiens et chats, tortues, oies, canards et poulets, tous ces animaux errent pêle-mêle à la recherche d'une nourriture qu'on leur distribue parcimonieusement et qu'il leur faut disputer à une nuée de corbeaux et de pigeons qui n'auraient garde de manquer à pareille fête. Ce singulier hospice paraît tenu avec un grand désordre, et les soins de la propreté la plus élémentaire y sont fort négligés. Une odeur repoussante s'échappe de cette nouvelle arche de Noé et me force à abréger ma visite; je m'explique difficilement comment l'administration anglaise peut tolérer, au centre d'une grande ville, un pareil foyer d'infection.

(1) La plupart des religions d'Extrême-Orient, considérant que l'homme est peut-être le descendant d'un animal ou que l'âme peut retourner dans le corps d'un animal (métempsycose), défendent de tuer des animaux et même, en principe, de s'en nourrir. (C. S.)

Passant devant plusieurs temples hindous et un grand *tank* ou étang sacré dont le pourtour est garni d'escaliers destinés aux baigneurs, nous arrivons dans le joli quartier de *Girgaum*, qu'un bois de cocotiers percé de bonnes routes sépare de la plage de *Back-Bay*. Ce bassin, peu profond, est inutile à la marine; depuis longtemps, on le comble peu à peu, afin de conquérir sur la mer de nouveaux terrains nécessaires aux extensions progressives de la ville.

TEMPLE SOUTERRAIN D'ÉLÉPHANTA.

Les plantations de cocotiers que nous traversons rapportent peu de fruits; elles sont bien plutôt exploitées pour le jus que produit l'arbre et qui, après fermentation, forme le *toddy*, boisson enivrante en grande faveur auprès des indigènes. Les bhundaris ou fabricants du toddy vivent dans de petites huttes disséminées au milieu de bois. Ils montent au sommet du cocotier et, comprimant au moyen de liens serrés le bourgeon sur le point de fleurir, pratiquent à la base une légère incision d'où la sève s'écoule goutte à goutte dans un vase qu'ils laissent suspendu à la cime pendant une nuit entière. Cette liqueur, consommée fraîche, est d'un goût agréable : c'est le vin de palmier; mais, dès qu'elle est fermentée, elle devient âpre et capiteuse. Les Anglais ont inutilement tenté de réagir contre la funeste passion du toddy en frappant l'arbre qui le produit d'une taxe exorbitante; peu de temps avant mon passage, l'impôt venait d'être doublé. Malgré toutes ces mesures restrictives, il s'en fait encore une consommation considérable.

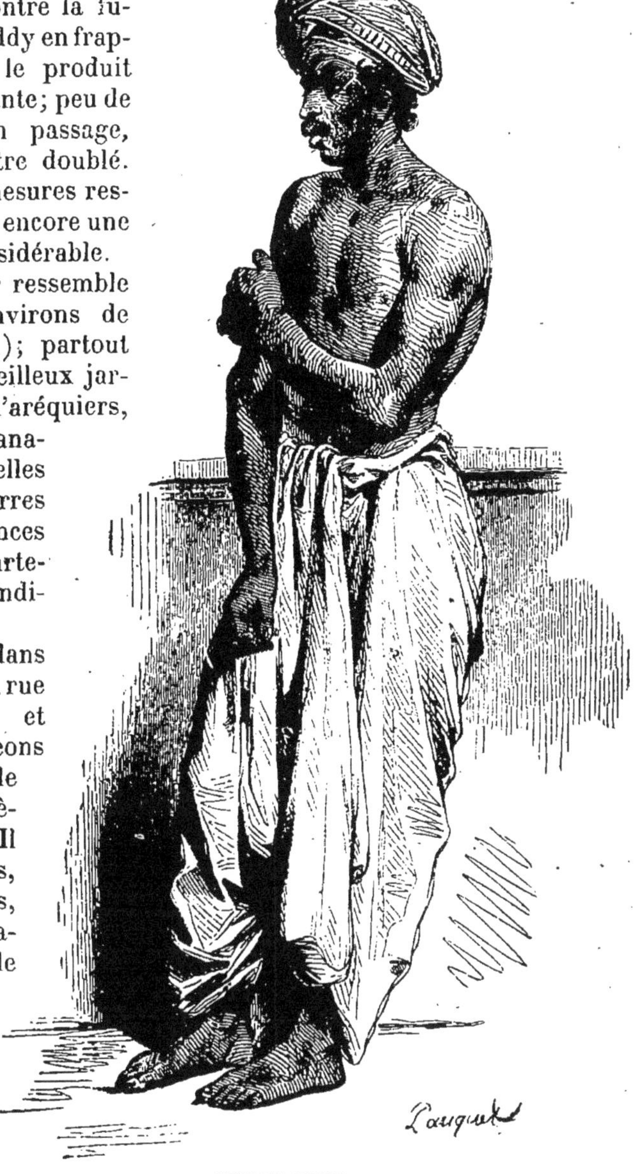

HINDOU PARIA.

Tout ce quartier ressemble beaucoup aux environs de Pointe-de-Galles (1); partout au milieu de merveilleux jardins, de massifs d'aréquiers, de palmiers et de bananiers, on voit de belles villas, ornées de terres cuites et de faïences multicolores, appartenant à de riches indigènes.

Nous suivons dans toute sa longueur la rue de *Breach-Candy*, et nous nous engageons dans le faubourg de *Tardeo,* où l'on célèbre une fête locale. Il y a là des balançoires, des chevaux de bois, des orgues de Barbarie, des étalages de bonbons et des boutiques de jouets d'enfants où sont entassés, mêlés à des poupées et autres menus objets de fabrication européenne, une foule de produits à bon marché de l'industrie

(1) Pointe-de-Galles est le principal port de l'île de Ceylan. (C. S.)

locale. Des groupes de femmes et d'enfants, revêtus de leurs plus beaux habits, circulent paisiblement et semblent beaucoup s'amuser. En un mot, c'est, en petit, une espèce de fête de Neuilly ou de foire au pain d'épice.

Je visite, dans le voisinage, le temple hindou où l'on adore le dieu en l'honneur duquel on se réjouit dans la rue.

De là nous gravissons une colline d'où l'on découvre une fort belle vue; derrière nous, au sommet, s'étend un enclos où quelques palmiers dressent la tête au-dessus des murs élevés. C'est là que sont les *Tours du Silence.* Mon guide me fait apercevoir, à demi cachées par les arbres, les murailles noircies de l'une d'elles; il me montre aussi des bâtiments funéraires isolés, sépulture privilégiée de quelques riches familles.

En dehors de l'enceinte, sur la cime des grands cocotiers, à dix pas du chemin, sont perchés une centaine d'énormes vautours noirs qui, suffisamment repus, dorment tranquillement en attendant la proie du lendemain.

Un peu plus loin, de nombreux travailleurs indigènes des deux sexes sont occupés à mettre en place de gigantesques tuyaux et à creuser un immense réservoir destiné à approvisionner d'eau pure la ville de Bombay.

Malabar-Hill, où nous allons ensuite, ne comptait que deux maisons il y a une trentaine d'années. Aujourd'hui, la colline tout entière est transformée en un parc ravissant où sont disséminés, sous l'admirable végétation des tropiques, une foule de villas et de cottages habités par la population européenne. Une route charmante longe la plage de *Breach-Candy* et remonte ensuite sur les hauteurs. On peut visiter, en passant, l'étang sacré de Walkeshwar et les temples de Mahadeva. Tout à fait à l'extrémité du promontoire, à *Malabar-Point,* s'élève la maison de campagne du gouverneur; sa situation éminemment pittoresque, l'air frais qu'on y respire en toute saison, en font la plus agréable habitation de toute la ville.

II

ÉLÉPHANTA.

Aucun voyageur ne doit quitter Bombay sans avoir fait une excursion à Éléphanta. Cette île, célèbre par son temple souterrain, est située à 12 kilomètres à l'est de la ville, au milieu d'une vaste baie qui se prolonge en pointe vers le nord et vient se terminer derrière la grande île de Trombay, dans les bas-fonds de l'embouchure du Gora-Bunder, aux environs de Tannah. Aujourd'hui, cette excursion est aussi facile qu'agréable. Tous les jeudis, une chaloupe à vapeur appartenant à l'hôtel de l'Esplanade quitte Wellington-Pier à midi. Le trajet demande à peine une heure.

Je n'eus garde de manquer une aussi bonne occasion; moyennant 5 roupies, on me délivre au bureau de l'hôtel un ticket qui me donne droit au passage, aller et retour, et de plus à un *tiffin* dans l'île d'Éléphanta. A l'heure dite, je prends place dans la chaloupe, où sont déjà installés un ingénieur anglais et sa femme, mes voisins de table d'hôte. Nous partons aussitôt; notre légère embarcation file rapidement au milieu des navires au mouillage. C'est à peine si nous avons le temps d'admirer le magnifique panorama de l'immense cité; nous voici devant l'îlot Butcher, semblable à un parc avec ses deux jolis bungalows cachés sous les grands arbres. Un quart d'heure après, nous abordons à une jetée récemment construite, longue de 200 mètres et aboutissant à un chemin tantôt taillé dans le roc, tantôt dallé et entrecoupé de nombreux escaliers. Cette partie de l'île n'est pas cultivée; la nature y revêt un aspect sauvage et grandiose à la fois. Une végétation exubérante a envahi les rochers; çà et là, au milieu de fourrés impénétrables, repaire des serpents et des bêtes fauves, s'élèvent des arbres gigantesques. La pente est rapide; un soleil implacable darde ses rayons de feu sur nos têtes. Enfin, après vingt minutes d'une ascension que la chaleur a rendue assez pénible, nous nous trouvons en présence d'un frais et charmant cottage habité par un Anglais, cicerone patenté des grottes. Les coolies de l'hôtel nous ont devancés avec les provisions; les paniers sont déballés; heureusement on n'a pas oublié la glace. A peine avons-nous le temps de jeter un coup d'œil sur un ravissant jardinet où s'épanouissent une multitude de fleurs éclatantes; la nappe est déjà mise sous la véranda, à l'abri d'un épais rideau de plantes grimpantes. Les Anglais, on le sait, ne font pas la moindre excursion sans une cantine bien garnie; notre maître d'hôtel avait bien fait les choses, et nous *tiffinâmes* fort agréablement, servis comme nous l'aurions été à Bombay.

L'entrée de la grotte est à deux pas; elle forme une décoration naturelle excessivement pittoresque. Du haut d'un rocher couronné par un épais massif de verdure, d'où surgissent les troncs sveltes des cocotiers et les élégantes gerbes des bambous, se détachent des guirlandes de lianes qui courent le long d'une paroi verticale et retombent en festons jusqu'au-dessus d'une large ouverture béante divisée en trois parties par deux énormes pilastres.

La salle principale, entièrement creusée dans le roc vif, forme un carré de 40 mètres de côté; elle est flanquée de deux autres chambres plus petites. Le plafond, d'une élevation de 6 mètres, est parfaitement horizontal. Dans le travail d'excavation, on a ménagé vingt-six colonnes carrées jusqu'à la moitié de leur hauteur et terminées par des fûts cylindriques et cannelés. Les murailles sont couvertes de gigantesques bas-reliefs profondément fouillés, véritables statues adossées au rocher; ces sculptures sont d'un grand effet, mais malheureusement fort dégradées. Plusieurs piliers sont brisés et n'adhèrent plus à la masse que par leur partie supérieure. On prétend que les Portugais, dans leur fanatisme religieux, ont tenté plusieurs fois de détruire ce temple, et que ce sont eux qui ont commis ces dévastations barbares.

Au fond du sanctuaire, on remarque une colossale statue à trois têtes, que l'on a longtemps prise pour la *Trimourti* ou trinité indienne. Mais aujourd'hui il paraît certain que le temple d'Eléphanta était consacré à Siva seul, divinité favorite des Mahrattes, qui l'adorent sous le nom de Mahadeva et le représentent souvent avec trois visages.

Notre guide nous fait remarquer, dans l'angle obscur d'une salle latérale, un petit réservoir où l'eau se maintient, dit-on, à un niveau constant, quelle que soit la quantité qu'on en ait puisée. Les Hindous en ont conclu que cette eau arrivait directement du Gange par un conduit souterrain; aussi lui attribuent-ils des qualités merveilleuses.

En résumé, le temple d'Éléphanta, quoique de grandes proportions et d'un aspect réellement majestueux, est si mal conservé, ses sculptures sont tellement détériorées, que je n'hésite pas à le mettre au-dessous de la plupart de ceux d'Ellora.

Au siècle dernier, on voyait encore sur le rivage de l'île, à l'entrée du chemin qui conduit à la grotte, une statue colossale en pierre noire représentant un éléphant. De là vient le nom donné à l'île, et par suite au temple lui-même. Il n'en reste plus aujourd'hui que d'informes débris.

III

LES TEMPLES D'ELLORA (1).

Les temples, que l'on désigne le plus souvent sous le nom de *caves* d'Ellora, sont creusés à la base d'une colline escarpée qui s'élève à 200 mètres au-dessus du niveau de la plaine et s'étend en forme de croissant sur une longueur de trois kilomètres.

On n'est pas d'accord sur leur origine. Les Hindous les attribuent à un certain Elon, qui aurait régné il y a environ huit mille ans; les musulmans ne leur accordent qu'un millier d'années. Ce qu'il y a de certain, c'est que ces temples appartiennent aux trois religions brahmanique, bouddhique et jaïne, et que la différence de

(1) Bien qu'Ellora ne se trouve pas dans la présidence de Bombay, nous avons cru utile de donner également cet extrait, pour permettre de mieux saisir ce que l'auteur dit relativement à Eléphanta. (C. S.)

style et l'exécution tantôt grossière, tantôt très soignée, indiquent qu'on y a travaillé à diverses époques. Du reste, cette œuvre colossale, cette dépense inouïe du labeur de l'homme, ont dû exiger les efforts de plusieurs siècles. L'opinion généralement accréditée, aujourd'hui, est que les plus anciens de ces temples ne remontent pas au delà de deux mille ans.

Il y a quelques années, leur accès était rendu très dificile par la masse des décombres et les broussailles qui en obstruaient l'entrée; mais, à l'occasion de la visite du prince de Galles en 1876, le nizam d'Haïderabad, sur le territoire duquel ils se trouvent, les a fait nettoyer et déblayer, de sorte qu'aujourd'hui on peut pénétrer à

ELLORA.

peu près partout. Ces travaux ont mis à jour des fresques assez bien conservées qui tendraient à prouver qu'à l'origine tout l'intérieur était recouvert de peintures. Depuis cette époque, un policeman indigène est chargé de percevoir des visiteurs une modique rétribution. Je parcours le livre où chaque voyageur est tenu de s'inscrire; aucun nom français n'y figure. Au bord du chemin, le premier temple qui se présente à ma vue est le plus étonnant de tous : c'est le Kailas (paradis). J'en avais déjà lu bien des descriptions; je savais que j'allais me trouver en face de l'une des merveilles du monde, de l'œuvre la plus extraordinaire que nous ait laissée l'antiquité indienne; mais je n'en fus pas moins frappé de stupeur en découvrant un monument colossal, taillé dans le roc vif et complètement détaché de la montagne, dont il est séparé par une cour de 120 mètres de profondeur sur 60 de largeur, avec des parois perpendiculaires de 30 mètres d'élévation. Le bloc isolé, de 50 mètres de long sur 30 de large, s'élève à 27 mètres de hauteur. C'est un monument extrêmement compliqué, à plusieurs étages, avec de vastes salles, des galeries, des escaliers, des frises, des chapelles suspendues et des coupoles aériennes. Tout cela est couvert de sculptures bizarres, parfois grotesques, mais forme un ensemble d'un goût irréprochable. Le sanctuaire principal est soutenu par quatre rangées d'énormes pilastres carrés; ceux du pourtour et des angles reposent sur des éléphants qui ont l'air de supporter ainsi le poids total de l'édifice. Le Kailas est évidemment d'origine brahmanique, ainsi que l'attestent des panneaux délicatement fouillés où sont retracés la vie et les hauts faits du dieu-singe Hannman.

L'imagination reste confondue en présence de ce monument qui n'a pas été construit, auquel on n'a rien ajouté et qu'on a taillé et sculpté dans un seul rocher. Comme l'artiste chinois qui prend un morceau d'ivoire et, à force de temps et de patience, en fait une de ces petites merveilles d'une délicatesse exquise, de même l'architecte du Kailas a pris un fragment de montagne et en a fait un monument complet jusque dans ses moindres petits détails, et digne d'être comparé à nos plus somptueuses basiliques.

Et ce n'est pas tout : dans la cour on voit deux obélisques hauts de 20 mètres, des statues d'animaux, des arcades et des portiques. Trois étages de chambres souterraines, ornées de bas-reliefs gigantesques, découpent le rocher tout à l'entour, formant autant de galeries suspendues communiquant ensemble par des escaliers.

Je n'entreprendrai pas la description détaillée des trente-deux autres temples qui, avec celui dont je viens de parler, forment les caves d'Ellora. Tous, sans exception, sont extrêmement remarquables; leur cour d'entrée renferme parfois quelque édifice monolithe, mais de proportions bien inférieures au Kailas; leur intérêt principal consiste dans l'étude des sculptures colossales qui, adossées aux parois des profondes galeries, représentent les dieux et les déesses du panthéon hindou, dans l'attitude consacrée par la tradition, ou bien encore des danses, des scènes religieuses ou guerrières, etc.

Toutes ces figures grimaçantes, ces torses aux bras multiples, ces corps humains à têtes d'animaux, se rapprochent évidemment du type égyptien. Assurément ces statues sont de mauvais goût, souvent obscènes et de dessin incorrect; mais leurs proportions colossales, leur nombre infini, étonnent et provoquent l'admiration. D'un autre côté, l'art hindou, qui n'a rien su produire de véritablement beau dans la représentation de la nature vivante, dont il n'a saisi que le côté grotesque, excelle dans tout ce qui se rattache à l'art décoratif. Les moulures et les encadrements des plafonds, les ornements des piliers, leurs chapiteaux si variés de forme et de style, sont presque toujours des merveilles de bon goût et d'originalité artistique.

Parmi les temples qui ont le plus particulièrement attiré mon attention, je ne puis me dispenser de citer le *Visoa-Karma*, longue galerie de quarante mètres de profondeur, séparée en trois nefs par deux rangs de piliers octogones de 2^{m},80 de circonférence. Au fond, dans une niche, Brahma repose sur un siège; à ses pieds sont deux lions couchés, symbole de la force; deux serviteurs portant la fleur de lotus (1) se tiennent debout à ses côtés.

Le *Para-Lauka*, dont l'entrée est au deuxième étage d'une galerie souterraine, a conservé de belles peintures sur stuc; d'énormes piliers sculptés sur toute leur hauteur supportent le plafond, où sont représentés des sujets tirés de la mythologie indienne. Malheureusement la fumée a noirci la voûte et fortement endommagé les fresques.

Le temple de *Mistri*, dont l'extrémité opposée à la porte d'entrée se termine en abside; la voûte, ornée de nervures, forme une série régulière d'arceaux gothiques. L'unique statue qui s'y trouve est celle d'un Bouddha colossal assis, les jambes croisées, une main reposant sur chaque genou.

Le *Dourma-Lena* avec son immense salle carrée de quarante mètres de côté, entouré d'un grand nombre d'autres chambres plus petites.

Le *Ramesvera* et le *Nilakanta*, ornés d'une profusion de grands bas-reliefs et d'énormes piliers curieusement sculptés.

Enfin la cave d'*Indra-Sabha*, la dernière du côté du nord; c'est la plus belle de toutes après le *Kailas*. Elle contient les statues colossales du dieu Indra et de son épouse; elle est d'origine jaïne et se compose d'une série de chambres de seize mètres de côté, creusées sur chacune des faces d'une cour intérieure décorée de portiques taillés dans le roc et dans laquelle on remarque deux monolithes, dont l'un représente une colonne et l'autre un éléphant gigantesque.

Les matériaux extraits des flancs de la montagne ont formé par leur accumulation de véritables collines, aujourd'hui couvertes d'impénétrables fourrés, repaire favori de nombreux serpents. Aussi je ne m'avançais qu'avec une extrême précaution le long de l'étroit sentier, armé de ma canne et prêtant une oreille attentive aux bruissements suspects. A un certain moment, les hautes herbes desséchées craquent et s'entr'ouvrent brusquement à mes pieds, livrant passage à un animal que je ne reconnais pas tout d'abord. Qu'on se rassure : ce n'était qu'un gros lièvre qui s'enfuit au plus vite, encore plus effrayé que moi-même.

Ceux qui ont créé ces temples magnifiques ne paraissent pas

(1) On sait que le lotus est la fleur sacrée des Indiens. Le dieu Brahma est considéré comme sorti d'une de ces fleurs. (C. S.)

avoir songé à en faciliter l'accès : il n'existe aucune trace d'ancienne route, et, au simple aspect des lieux, il est évident que certaines excavations, de tout temps comme aujourd'hui, n'ont pu être abordables qu'au prix de grandes fatigues.

A présent, tous ces temples sont abandonnés; les jungles en ont envahi les abords. La compagne est silencieuse et déserte; à quelques kilomètres dans la plaine, s'élèvent seules les chétives maisons d'un petit village sans importance. Quel contraste entre cette morne solitude et l'animation qui devait régner en ces lieux à l'époque où tout un peuple, mû par un sentiment religieux, usait son existence en des travaux presque surhumains!

E. Cotteau.

TEMPLE SOUTERRAIN DE KARLI.

www.ingramcontent.com/pod-product-compliance
Ingram Content Group UK Ltd.
Pitfield, Milton Keynes, MK11 3LW, UK
UKHW022159190726
13855UKWH00004B/1551

9 782013 076982